EN VEDETTE DANS CE LIVRE

SPINOSAURUS

(SPINO-zo-RUSS)

SAVAIS-TU QUE...

Spinosaurus était un dinosaure semi-aquatique, c'est-à-dire qu'il vivait sur la terre et dans l'eau? Tu apprendras bientôt pourquoi il passait une partie de son temps dans l'eau...

Spinosaurus signifie « lézard à épines »

PLANTONS LE DÉCOR

Tout a commencé quand les premiers dinosaures sont apparus il y a environ 231 millions d'années, pendant le Trias.

C'était le début de l'ère des dinosaures, une période où ils allaient être les rois du monde !

Les scientifiques appellent cette période le

MÉSOZOÏQUE.

(mé-zo-zo-ic)

Elle a duré si longtemps qu'ils l'ont divisée en trois parties.

Le TRIAS

←········ 51 millions d'années ········→

il y a **252** millions d'années

Le JURASSIQUE

←········ 56 millions d'années ········→

il y a **201** millions d'années

Spinosaurus a existé durant le Crétacé,
il y a entre 95 et 100 millions d'années.

Le
CRÉTACÉ

79 millions d'années

⟵· ·⟶

il y a **145** millions d'années   il y a **66** millions d'années

BULLETIN MÉTÉO

La Terre n'a pas toujours été comme on la connaît.
Avant les dinosaures et au début du Mésozoïque,
tous les continents étaient soudés et formaient un
supercontinent appelé «la Pangée». Au fil du temps,
les choses ont changé, et à la fin du Crétacé,
la Terre ressemblait plutôt à ceci.

CRÉTACÉ IL Y A 66 MILIONS D'ANNÉES

Ce nom vient du mot «craie» en latin

TRIAS

Extrêmement chaud, sec et poussiéreux

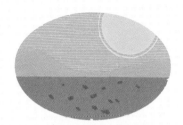

JURASSIQUE

Très chaud, humide et tropical

CRÉTACÉ

Chaud, pluvieux et saisonnier

Pendant le Crétacé, les continents ont continué à se séparer et la Terre a pris une apparence semblable à celle qu'on lui connaît aujourd'hui.

D'OÙ VIENT-IL ?

Voici ce que nous savons à ce jour et où nous l'avons découvert...

CE QU'ON A DÉCOUVERT :

QUELQUES SQUELETTES PARTIELS...

C'EST LE PALÉONTOLOGUE **ERNST STROMER** QUI A DONNÉ SON NOM À *SPINOSAURUS*, EN **1915.**

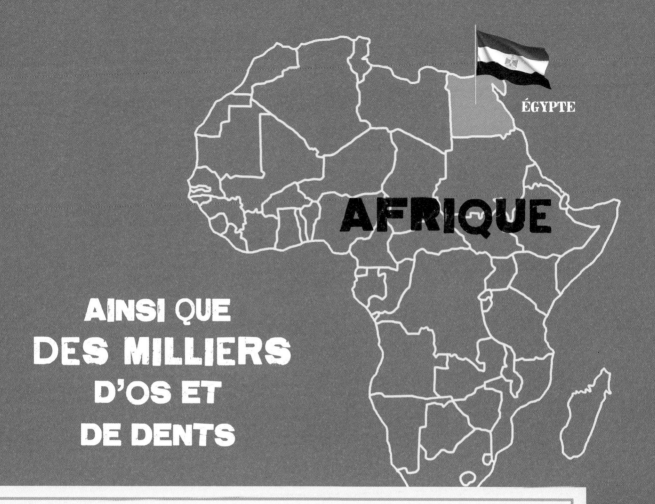

ÉGYPTE

AFRIQUE

AINSI QUE DES MILLIERS D'OS ET DE DENTS

Le premier squelette de *Spinosaurus* a été trouvé dans la Formation de Bahariya, située dans les déserts de l'ouest de l'Égypte, par Richard Markgraf en 1912 et a été entreposé dans un musée de Munich, en Allemagne. Malheureusement, des bombardements alliés ont détruit ce fossile en 1944, pendant la Seconde Guerre mondiale (1939-1945).

Heureusement, des descriptions et des dessins détaillés ont échappé à la destruction. C'est à partir de ces documents, ainsi que des découvertes effectuées plus récemment en Afrique (principalement au Maroc), que les scientifiques étudient ce dinosaure.

PORTRAIT

Certains des dinosaures vivant au milieu du Crétacé étaient de véritables géants, et *Spinosaurus* était le plus gros de tous les dinosaures carnivores.

Regardons *Spinosaurus* pour voir en quoi il était spécial, fascinant et complètement extraordinaire!

SPINOSAURUS

Les scientifiques débattent encore de la raison d'être de sa voile dorsale. Servait-elle à le faire paraître plus gros, plus effrayant ou plus attrayant ? Continue de lire pour en apprendre davantage…

5 mètres des orteils au sommet de la voile

Hauteur à la hanche
2,5 mètres
des orteils à la hanche

PORTE
2 mètres

SPINOSAURUS

Longueur : **environ 15 mètres**

Hauteur : **2,5 mètres des orteils à la hanche**

Hauteur : **5 mètres des orteils à la voile**

Poids : **un maximum d'environ
7000 kilogrammes**

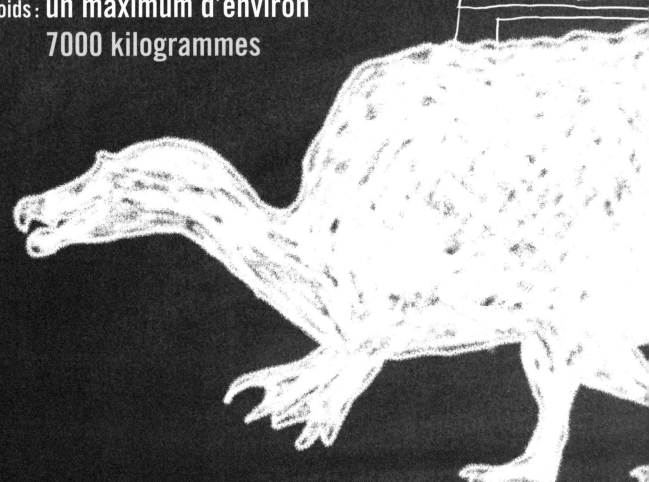

AUTOBUS À ÉTAGE

Longueur : 11 mètres Hauteur : 4,5 mètres Poids : 8000 kilogrammes **(vide)** Largeur : 2,5 mètres

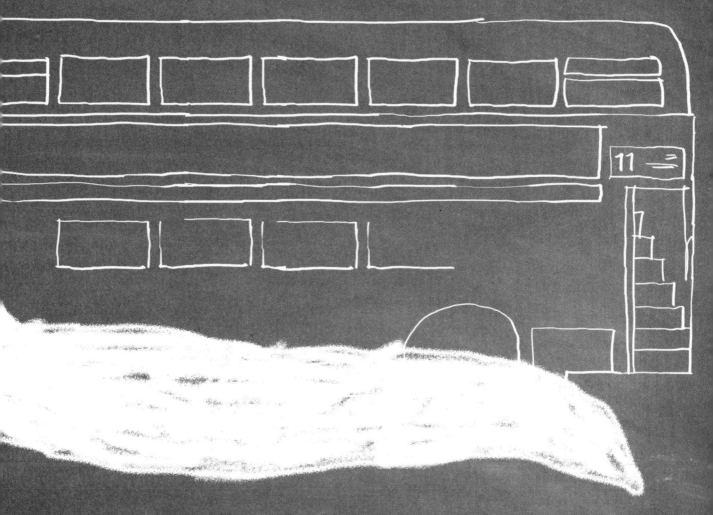

SOURIS

TROUILLE-
O - MÈTRE

Où se classe
Spinosaurus ?

AUCUNEMENT
TERRIFIANT

| 1 | 2 | 3 | 4 | 5 |

SAUVE QUI PEUT !

Étant le plus gros carnivore jamais découvert et avec l'imposante voile qui se dressait sur son dos, *Spinosaurus* était une créature terrifiante à rencontrer sur la terre comme dans l'eau !

| 6 | 7 | 8 | 9 | 10 |

⟡ JUGEOTE

Quand nous avons commencé à découvrir des dinosaures,
nous pensions qu'ils étaient plutôt stupides !

Par la suite, quelques scientifiques ont cru que certains
dinosaures avaient un second cerveau près de leur derrière !
On sait aujourd'hui que rien de cela n'est vrai.

Les scientifiques reconnaissent maintenant que les dinosaures
n'avaient qu'un seul cerveau et qu'ils étaient plutôt futés pour des
reptiles. Certains comptaient même parmi les plus intelligentes
créatures sur Terre pendant le Mésozoïque. Cela dit, la plupart des
mammifères actuels n'auraient rien à leur envier sur ce plan.

En tenant compte de :

leur
taille

la taille
de leur
cerveau

leur
odorat

leur vue

les scientifiques sont en mesure de les comparer les uns aux autres...

OÙ FIGURE SPINOSAURUS, UN CARNIVORE, AU PALMARÈS DES CERVEAUX ?

TROODON
(tro-OH!-don)

10/10
CARNIVORE
(le plus intelligent)

TYRANNOSAURUS REX
ti-RAAAH!-nozo-RUSS rex)

9/10
CARNIVORE

SPINOSAURUS
(SPINO-zo-RUSS)

9/10
CARNIVORE

IGUANODON
(i-GWA-no-DON)

6/10
HERBIVORE

TRICERATOPS
(TRI-céra-TOPS)

5/10
HERBIVORE

DIPLODOCUS
(di-PLO-do-KUSS)

2/10
HERBIVORE
(pas tellement intelligent)

Les dinosaures sont représentés à l'échelle!

RAPIDOMÈTRE

LENT

1 2 3 4 5

À partir d'un squelette trouvé en 2008 et d'une récente découverte effectuée au Maroc, on peut établir que *Spinosaurus* avait des pattes plutôt courtes et une queue en forme de rame. Puisqu'il s'était adapté aux environnements aquatiques, on pense qu'il était peut-être plus habile à la nage qu'à la course.

RAPIDE

SON ÉQUIPEMENT

Spinosaurus étant le plus gros carnivore jamais découvert, tu ne seras pas étonné d'apprendre qu'il possédait toutes sortes de caractéristiques particulières !

MÂCHOIRE

Son museau long de 1,75 mètre (la taille d'un grand adulte !) et ses dents droites étaient parfaits pour tirer de l'eau les poissons qui passaient un peu trop près de lui.

QUEUE

Il avait une longue queue osseuse qu'il agitait d'un côté à l'autre, comme un crocodile, pour faciliter sa nage.

PIEDS

Les orteils de *Spinosaurus* étaient plats et écartés, ce qui laisse supposer que ses pieds étaient palmés. Ressemblant un peu à des rames, ceux-ci l'aidaient à nager.

VOILE

L'étonnante voile qu'il portait sur son dos était faite de très longues épines (des prolongements de ses vertèbres appelés «épines neurales») reliées par une couche de peau. Servait-elle à réguler sa température corporelle, comme les plaques de *Stegosaurus*, ou à le faire paraître plus volumineux et effrayant, ou encore plus attrayant aux yeux du sexe opposé? Les scientifiques en débattent encore aujourd'hui…

NARINES

Puisque ses narines étaient petites et situées au centre de son museau, il pouvait submerger la presque totalité de son corps dans l'eau et garder seulement ses yeux et son nez au-dessus de la surface.

BRAS

Les bras de *Spinosaurus* étaient particulièrement longs en comparaison de ses jambes, ce qui nous laisse supposer qu'il lui arrivait probablement de marcher à quatre pattes sur la terre ferme.

DENTS

La gueule de *Spinosaurus* comprenait des dents de tailles et de formes différentes, dont certaines étaient dentelées, disposées sur une mâchoire de 1,75 mètre. La majorité de ses dents étaient coniques (en forme de cône) et droites.

La forme des dents de *Spinosaurus* semble indiquer qu'il agrippait ses proies et les secouait pour en arracher des morceaux.

Dent d'au moins 20 centimètres, de la racine à la pointe, en taille réelle

AU MENU

Le fait que *Spinosaurus* avait un mélange de grosses et de petites dents coniques laisse croire qu'il ne mangeait pas que du poisson.

La découverte d'un fossile de ptérosaure (un reptile volant) transpercé par une dent de *Spinosaurus* indique que celui-ci devait manger toutes sortes d'animaux, dont une grande variété de poissons, de mammifères et de dinosaures.

DE LA VIANDE
ET
DU POISSON!

QUI HABITAIT DANS LE MÊME VOISINAGE ?

Tu imagineras sans difficulté qu'en tant que plus gros carnivore découvert à ce jour, *Spinosaurus* avait un appétit considérable. Il se nourrissait donc peut-être de gros animaux aquatiques comme *Mawsonia*, un poisson géant qui pouvait atteindre 6 mètres de long!

MAWSONIA
(MA-so-NIA)

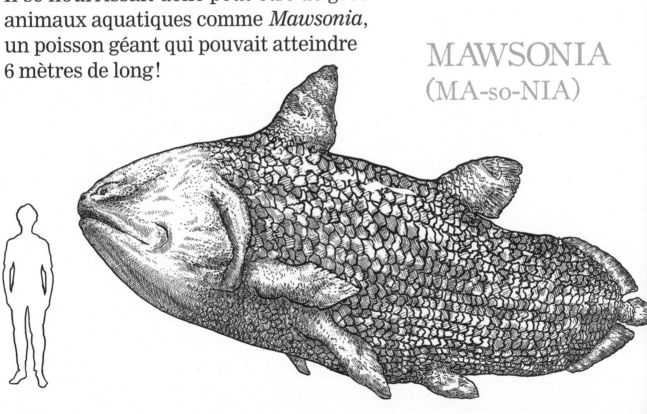

CARCHARODONTOSAURUS
(CARCARO-don-TO-zo-RUSS)

Carcharodontosaurus était un autre carnivore de grande taille qui vivait au même endroit et à la même époque que *Spinosaurus*.

Bien qu'un peu plus léger et petit que *Spinosaurus*, *Carcharodontosaurus* avait des dents faites pour couper et lacérer. On peut difficilement dire qui serait sorti vainqueur d'une dispute entre ces deux prédateurs s'ils avaient voulu la même proie, mais une chose est sûre, cela aurait été un combat mémorable !

QUI REMPORTERAIT LE COMBAT
SPINOSAURUS OU T. REX ?

T. rex est connu comme étant le « roi des dinosaures », un titre qu'il mérite parce qu'il était un redoutable prédateur, mais pas parce qu'il était le plus gros. Nous savons maintenant que *Spinosaurus* est le plus grand dinosaure théropode jamais découvert...

Comparons ces deux carnivores surdimensionnés pour voir lequel a les caractéristiques physiques les plus impressionnantes !

SPINOSAURUS vs T. REX

	SPINOSAURUS	T. REX
ÉPOQUE	il y a de 95 à 100 millions d'années Afrique du Nord	il y a de 66 à 68 millions d'années Amérique du Nord
LONGUEUR	jusqu'à 15 m	jusqu'à 13 m
POIDS	jusqu'à 10 000 kg	jusqu'à 8000 kg
MÂCHOIRE	1,75 m museau long et étroit, parfait pour pêcher	1,5 m la plus puissante de TOUS les animaux terrestres ayant existé !
DENTS	jusqu'à 20 cm coniques et droites	jusqu'à 30 cm les plus grosses de tous les dinosaures

CINÉMA vs RÉALITÉ

Dans *Le Parc jurassique III*, *Spinosaurus* remporte un combat terrestre contre *T. rex*, **MAIS** *T. rex* était beaucoup plus robuste et rapide sur la terre, et sa morsure pouvait broyer des os. Il aurait donc probablement gagné la bataille… si ces deux dinosaures s'étaient rencontrés. Le fait est qu'ils n'habitaient pas le même continent et ont existé à 30 millions d'années d'écart !

QU'Y A-T-IL DE SI GÉNIAL À PROPOS DE SPINOSAURUS ?

PÉRIODE D'EXISTENCE

CRÉTACÉ il y a de **95** à **100** millions d'années

TAILLE DES DENTS

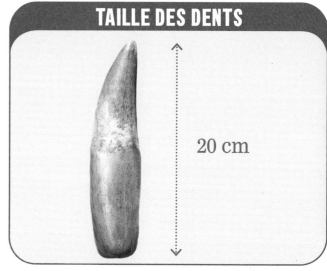

20 cm

POIDS

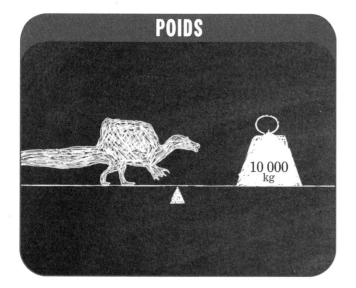

10 000 kg

RAPIDE OU LENT ?

RAPIDITÉ

sur 10

4

EN BREF

DÉCOUVERTES À CE JOUR

QUELQUES SQUELETTES PARTIELS ET DES MILLIERS D'OS ET DE DENTS

TERRIFIANT OU PAS ?

TROUILLE-O-MÈTRE

10

VIANDE OU POISSON ?

LES DEUX !

SON ÉQUIPEMENT

VOILE

PIEDS

AS-TU LU TOUTE LA SÉRIE ?

QU'Y A-T-IL DE SI GÉNIAL À PROPOS DE
ANKYLOSAURUS ?
UN CHAR D'ASSAUT SUR PATTES *(an-KILO-zo-RUSS)*

NICKY DEE

Avec la participation du paléontologue primé DEAN LOMAX, PH. D.
Québec Amérique

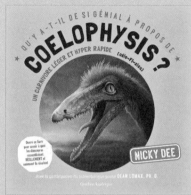

QU'Y A-T-IL DE SI GÉNIAL À PROPOS DE
COELOPHYSIS ?
UN CARNIVORE LÉGER ET HYPER RAPIDE *(célo-FI-ziss)*

NICKY DEE

Avec la participation du paléontologue primé DEAN LOMAX, PH. D.
Québec Amérique

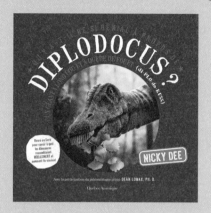

QU'Y A-T-IL DE SI GÉNIAL À PROPOS DE
DIPLODOCUS ? *(di-PLO-do-KUSS)*

NICKY DEE

Avec la participation du paléontologue primé DEAN LOMAX, PH. D.
Québec Amérique

QU'Y A-T-IL DE SI GÉNIAL À PROPOS DE
LEAELLYNASAURA ?
UN HERBIVORE POLAIRE À LONGUE QUEUE *(LÉLI-naro-RAAH)*

NICKY DEE

Avec la participation du paléontologue primé DEAN LOMAX, PH. D.
Québec Amérique

QU'Y A-T-IL DE SI GÉNIAL À PROPOS DE
MEGALOSAURUS ?
LE PREMIER À RECEVOIR UN NOM *(MÉGA-lozo-RUSS)*

NICKY DEE

Avec la participation du paléontologue primé DEAN LOMAX, PH. D.
Québec Amérique

QU'Y A-T-IL DE SI GÉNIAL À PROPOS DE
STEGOSAURUS ?
UN HERBIVORE COUVERT DE PICS ET DE PLAQUES *(STÉGO-zo-RUSS)*

NICKY DEE

Avec la participation du paléontologue primé DEAN LOMAX, PH. D.
Québec Amérique

QU'Y A-T-IL DE SI GÉNIAL À PROPOS DE
TRICERATOPS ?
LE DERNIER ET LE PLUS GROS DES DINOSAURES À CORNES *(TRI-céra-TOPS)*

NICKY DEE

Avec la participation du paléontologue primé DEAN LOMAX, PH. D.
Québec Amérique

QU'Y A-T-IL DE SI GÉNIAL À PROPOS DE
TYRANNOSAURUS REX ?
« LE ROI DES DINOSAURES » *(ti-RAAH) nozo-RUSS rex)*

NICKY DEE

Avec la participation du paléontologue primé DEAN LOMAX, PH. D.
Québec Amérique

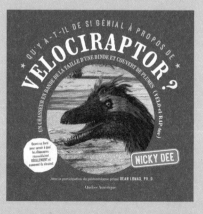

QU'Y A-T-IL DE SI GÉNIAL À PROPOS DE
VELOCIRAPTOR ?
UN CHASSEUR EN BANDE DE LA TAILLE D'UNE DINDE ET COUVERT DE PLUMES *(VÉLO-ci-RAP-tor)*

NICKY DEE

Avec la participation du paléontologue primé DEAN LOMAX, PH. D.
Québec Amérique

Projet dirigé par Flore Boucher

Traduction : Olivier Bilodeau
Mise en pages : Damien Peron
Révision linguistique : Sabrina Raymond

Québec Amérique
7240, rue Saint-Hubert
Montréal (Québec) Canada H2R 2N1
Téléphone : 514 499-3000, télécopieur : 514 499-3010

Ce texte privilégie la nomenclature zoologique par opposition aux noms vernaculaires des animaux.

Nous reconnaissons l'aide financière du gouvernement du Canada.

Nous remercions le Conseil des arts du Canada de son soutien.
We acknowledge the support of the Canada Council for the Arts.

Nous tenons également à remercier la SODEC pour son appui financier.
Gouvernement du Québec – Programme de crédit d'impôt pour l'édition de livres – Gestion SODEC.

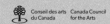

Catalogage avant publication de Bibliothèque et Archives nationales du Québec et Bibliothèque et Archives Canada

Titre : Spinosaurus / Nicky Dee; collaboration, Dean Lomax [et cinq autres]; traduction, Olivier Bilodeau.
Autres titres : Spinosaurus. Français
Noms : Dee, Nicky, auteur.
Description : Mention de collection : Qu'y a-t-il de si génial à propos de…? | Documentaires |
Traduction de : Spinosaurus.
Identifiants : Canadiana (livre imprimé) 20210069503 | Canadiana (livre numérique) 20210069511 | ISBN 9782764446959 | ISBN 9782764447031 (PDF)
Vedettes-matière : RVM : Spinosaures—Ouvrages pour la jeunesse. | RVM : Dinosaures—Ouvrages pour la jeunesse. | RVMGF : Albums documentaires.

Dépôt légal, Bibliothèque et Archives nationales du Québec, 2022
Dépôt légal, Bibliothèque et Archives du Canada, 2022

Titre original : *What's so special about Spinosaurus?*
Published in 2021 by The Dragonfly Group Ltd

email info@specialdinosaurs.com
website www.specialdinosaurs.com

Imprimé au Canada

REMERCIEMENTS

Dean Lomax, Ph. D.
Paléontologue remarquable plusieurs fois récompensé, auteur et communicateur scientifique, M. Lomax a collaboré à la réalisation de cette série à titre d'expert-conseil.
www.deanrlomax.co.uk

David Eldridge
Spécialiste en conception de livres.

Alice Connew
Conceptrice graphique extraordinaire.

Luca Massini
Paléoartiste de grand talent.

Scott Hartman
Paléontologue et paléoartiste professionnel, pour les squelettes et les silhouettes.

Ian Durneen
Artiste numérique de haut niveau, pour les illustrations numériques des dinosaures en vedette.

Ron Blakey
Colorado Plateau Geosystems Inc.
Créateur des cartes paléogéographiques originales.

Ma famille
Pour sa patience, ses encouragements et son soutien extraordinaire. Merci !